DA LEAD A CLIENTE

Scritto da Alberto Frisoni

Una guida di Salesprocess.it

In questo libro troverai 10 passi per validare finalmente il tuo modello di business portandolo alla cifra dei 6 zeri.

Perché hai bisogno di questi passi? Perché non puoi vendere nulla se non riesci ad attirare l'attenzione dei giusti clienti e non sarai in grado di convertirli nel giusto momento.

Questi passi ti aiuteranno a vendere 10 volte tanto ciò che stai facendo ora. Un processo di vendita migliore significa più soldi, il che porta a uno stile di vita migliore. È così semplice.

Come ho trovato questi 10 passi?

Beh, sono Alberto Frisoni, il fondatore di Salesprocess.it, di Frisoninside.com e del podcast imprenditoriale "Fatturare-Fatturare-Fatturare" e sono un vero nerd del marketing e delle vendite.

Ho iniziato la mia carriera nel 2016 vendendo nel settore della vendita diretta, dal porta a porta fino a digitalizzare le mie vendite come incaricato alle vendite.

Dal 2019 ho avviato la mia prima azienda, con appena 3000€ di capitale sociale e da allora le mie società di servizi hanno generato oltre €4,65 milioni di vendite online. La maggior parte di quel successo deriva proprio dalla strutturazione del corretto processo di vendita, che include la giusta pubblicità, il giusto marketing a risposta diretta, l'inserimento dei venditori adeguati e la corretta gestione degli stessi.

Dal 2020 con il Team di Salesprocess.it aiuto gli imprenditori a far crescere le proprie attività lavorando sul processo di vendita.

Goditi il libro e inizia a creare il tuo processo.

Saluti, Alberto Frisoni

Capitolo 1

Introduzione ai Processi di Vendita per PMI

In un mondo sempre più competitivo, il successo delle piccole e medie imprese (PMI) dipende dalla capacità di implementare processi di vendita efficaci e strutturati. Le vendite telefoniche, in particolare, sono uno strumento cruciale per molti imprenditori che operano nei settori B2B e B2C. Che tu venda servizi o prodotti, conoscere e applicare un processo di vendita ben definito può portare a un significativo aumento delle conversioni e, in ultima analisi, del fatturato.

Ma cos'è un processo di vendita?

Si tratta di una sequenza di passaggi che guida il potenziale cliente dall'inizio alla fine, dalla generazione dello stesso fino al follow-up dopo la vendita. Non lasciare nulla al caso è fondamentale, soprattutto quando le vendite si svolgono al telefono.

L'obiettivo di questa guida è aiutarti a comprendere e implementare processi di vendita che siano efficaci per la tua azienda, fornendo strumenti pratici e strategie collaudate.

Seguire un processo strutturato non solo migliora l'efficienza e la produttività del tuo team, ma rende anche il percorso del cliente più fluido e soddisfacente.

La sfida delle vendite per le PMI

Le PMI affrontano sfide uniche rispetto alle grandi aziende. Spesso non dispongono delle stesse risorse finanziarie, del personale o della tecnologia che le grandi imprese possono utilizzare per gestire le loro vendite. Questo rende ancora più importante l'ottimizzazione di ogni interazione con i clienti. Le chiamate di vendita devono essere precise e orientate al risultato, poiché ogni contatto ha un impatto significativo sul risultato finale.

Perché implementare un processo di vendita?

1.Coerenza

Un processo definito aiuta il tuo team a seguire una strategia coerente in ogni interazione con il cliente, eliminando le incertezze e aumentando le probabilità di successo.

2. Efficienza

Con un processo di vendita ottimizzato, il tuo team può gestire più chiamate in meno tempo, senza compromettere la qualità delle conversazioni.

3. Monitoraggio

Sapere esattamente quali fasi seguire ti permette di monitorare facilmente le performance e capire dove apportare miglioramenti.

4. Adattabilità

Un buon processo di vendita non è rigido. Deve essere flessibile abbastanza da adattarsi a diversi tipi di clienti e situazioni, mantenendo però una struttura di base.

5. Miglioramento continuo

Con un processo strutturato, puoi raccogliere dati su ogni fase e migliorare costantemente la tua strategia, rendendo le tue vendite sempre più efficaci.

La guida in sintesi

Nei capitoli seguenti, esploreremo in dettaglio ogni fase del processo di vendita, con un focus particolare sulle modalità di generazione dei lead e sui metodi di conversione al telefono.

Partiremo dalla creazione di una strategia di vendita fino alla gestione delle obiezioni e alla chiusura della vendita. Alla fine di questa guida, sarai in grado di implementare un processo di vendita su misura per la tua azienda, capace di massimizzare i tuoi risultati e incrementare la soddisfazione dei clienti.

Candida la tua azienda per saperne di più sul modello che realizza il Processo di Vendita in 30 giorni per la tua azienda visitando: salesprocess.it/quiz

Capitolo 2

Creare una Strategia di Vendita Efficace

Una strategia di vendita efficace è il cuore di ogni processo di vendita di successo. Non importa quanto bravo sia il tuo team o quanto innovativi siano i tuoi prodotti o servizi, senza una strategia definita, le tue vendite saranno casuali e inconsistenti. Questo capitolo ti guiderà nella creazione di una strategia che supporti il tuo processo di vendita, aumentando le conversioni e migliorando le relazioni con i clienti.

Perché è importante una strategia di vendita?

Una strategia di vendita serve come mappa per il successo. Senza una mappa, ogni chiamata o interazione con un cliente sarà come navigare alla cieca. Con una strategia chiara, invece, sai esattamente dove stai andando e come arrivarci. Nel contesto delle vendite telefoniche, avere una strategia ben articolata ti permette di massimizzare il tempo al telefono, offrendo soluzioni mirate e tempestive al cliente.

I pilastri di una strategia di vendita efficace

Obiettivi chiari e misurabili
Ogni strategia di vendita inizia con obiettivi chiari. Questi devono essere misurabili, realistici e collegati direttamente ai risultati di business. Ad esempio, un obiettivo potrebbe essere "aumentare le vendite del 35% nei prossimi sei mesi", oppure "convertire almeno il 10% dei lead generati in clienti".

Analisi del mercato
Prima di iniziare a vendere, è fondamentale conoscere il mercato in cui operi. Chi sono i tuoi concorrenti? Quali sono i bisogni non soddisfatti del tuo target? Qual è il contesto economico o normativo che potrebbe influenzare le tue vendite? Rispondere a queste domande ti aiuterà a posizionare meglio i tuoi prodotti e servizi.

Definire il valore unico della tua offerta
Una strategia di vendita di successo deve sempre rispondere a questa domanda: "Perché un cliente dovrebbe scegliere te e non un tuo concorrente?". Il valore unico della tua offerta (Unique Selling Proposition, o USP) è ciò che distingue i tuoi prodotti o servizi dalla concorrenza. Può essere un prezzo competitivo (aspetto che non mi fa impazzire da usare come leva), un servizio personalizzato, o un prodotto con caratteristiche uniche.

Segmentazione del pubblico
Non tutti i clienti sono uguali. Una strategia di vendita efficace richiede di segmentare il tuo pubblico e di adattare il messaggio in base alle esigenze specifiche di ciascun segmento. Ad esempio, potresti avere un approccio diverso per le piccole imprese rispetto alle grandi aziende, o per clienti che hanno già acquistato da te rispetto ai nuovi lead.

Tecniche di vendita mirate
Un processo di vendita di successo non riguarda solo le abilità del venditore, ma richiede anche una perfetta integrazione con il marketing. Un approccio sinergico tra Sales e Marketing. Mentre il venditore si concentra su tecniche per convincere il cliente a chiudere una vendita, il marketing deve fornire il supporto adeguato, creando materiali e messaggi che facilitino la persuasione.

Monitoraggio e adattamento continuo
Nessuna strategia di vendita è statica. Devi costantemente monitorare i risultati, confrontarli con gli obiettivi, e apportare modifiche quando necessario. Se una modello di vendita non sta portando i risultati sperati, prova a modificarla o sostituirla con un nuovo approccio.

Costruire un piano d'azione

Un piano d'azione è l'esecuzione pratica della tua strategia. Per ogni obiettivo definito, stabilisci un piano che descriva chi farà cosa e in che modo. Ad esempio:

Generazione
Quanti leads devi generare ogni mese dal marketing? Quali strumenti verranno utilizzati per generare lead?

Presentazione
Quali sono i punti di forza della tua offerta che devono essere enfatizzati durante ogni conversazione con il cliente?

Follow-up
Qual è la procedura da seguire dopo una chiamata iniziale con un lead? Quanti tentativi di follow-up sono previsti prima di chiudere un contatto?

Ogni passaggio dovrebbe essere chiaro e misurabile, per garantire che i tuoi venditori abbiano una guida precisa da seguire.

Esempio di una strategia di vendita per PMI

Immagina di essere un imprenditore che vende software gestionali per PMI.

La tua strategia di vendita potrebbe essere la seguente:

- ☑ **Obiettivo:** Aumentare le vendite del 15% nei prossimi tre mesi.

- ☑ **Analisi del mercato:** Concorrenza agguerrita nel settore, ma molte PMI non hanno ancora digitalizzato i loro processi.

- ☑ **USP:** Offri un software personalizzabile con un'interfaccia semplice e un prezzo competitivo.

- ☑ **Segmentazione del pubblico:** PMI nel settore retail e servizi con almeno 10 dipendenti.

- ☑ **Tecniche di vendita:** Combinazione di VSL/Lead Magnet e chiamate di vendita con venditori telefonici.

- ☑ **Piano d'azione:** Ogni venditore deve effettuare almeno 50 chiamate alla settimana, con un follow-up via entro 24 ore dalla chiamata.

Candida la tua azienda per saperne di più sul modello che realizza il Processo di Vendita in 30 giorni per la tua azienda visitando: salesprocess.it/quiz

Capitolo 3

Generazione di Lead - Il Ruolo Chiave del Marketing a Risposta Diretta e della Pubblicità Online

La generazione di lead è una delle attività fondamentali per alimentare un processo di vendita efficace, soprattutto per le aziende che vendono prodotti o servizi tramite chiamate di vendita. A differenza del prospecting, che si concentra su contatti "freddi", la generazione di lead mira a creare un flusso costante di potenziali clienti che hanno già manifestato interesse nei tuoi confronti, spesso grazie a campagne di marketing mirate e a strumenti online.

Il marketing a risposta diretta e la pubblicità online svolgono un ruolo cruciale in questa fase. Grazie a questi strumenti, puoi generare lead qualificati che si sono auto-selezionati, riducendo il tempo e gli sforzi necessari per il contatto iniziale. In questo capitolo esploreremo come sfruttare al meglio il marketing digitale e le strategie di risposta diretta per costruire un sistema di generazione di lead che supporti il tuo team di vendita.

Cos'è la generazione di lead?

La generazione di lead consiste nel creare e catturare l'interesse di potenziali clienti (lead) che possono essere interessati al tuo prodotto o servizio.

Questo processo viene alimentato principalmente da strategie di marketing mirate e dalla pubblicità online. La differenza chiave rispetto al prospecting è che nella generazione di lead, il cliente è spesso il primo a manifestare interesse, rispondendo a una campagna pubblicitaria o a un contenuto informativo.

Il valore di un lead generato attraverso marketing a risposta diretta è che il cliente ha già un livello di consapevolezza o curiosità verso ciò che offri, rendendo più facile il passaggio successivo: la chiusura della vendita.

L'importanza del marketing a risposta diretta

Il marketing a risposta diretta è una strategia che mira a ottenere una risposta immediata da parte del pubblico, come l'iscrizione ad un Webinar, la richiesta di maggiori informazioni, o una chiamata di vendita. Questa tattica è particolarmente efficace nella generazione di lead perché permette di misurare con precisione i risultati di ogni campagna e ottimizzare rapidamente le prestazioni.

Tra gli elementi chiave di una campagna di marketing a risposta diretta troviamo:

Call to Action (CTA) chiara
Ogni messaggio deve contenere un invito specifico all'azione, che possa spingere il potenziale cliente a fare il passo successivo.

Offerta specifica
L'offerta deve essere attraente, mirata a risolvere un problema del potenziale cliente o a rispondere a un bisogno immediato.

Tracciabilità e monitoraggio
Utilizzando strumenti di tracciamento, puoi misurare quali campagne funzionano meglio, permettendoti di affinare la tua strategia nel tempo.

Ad esempio, una campagna di lead generation potrebbe invitare i potenziali clienti a scaricare una guida gratuita in cambio dei loro dati di contatto. Questo tipo di strategia è altamente efficace per aziende che vendono tramite chiamate di vendita, poiché trasforma il lead in una persona già interessata, pronta a essere contattata per ulteriori informazioni o per una demo del prodotto.

Pubblicità online: la chiave per un flusso costante di lead

Oggi, gran parte della generazione di lead avviene attraverso la pubblicità online. Google Ads, Meta Ads, LinkedIn Ads, Tik Tok Ads sono solo alcuni degli strumenti che permettono di raggiungere un pubblico ampio e segmentato, offrendo al contempo la possibilità di raccogliere contatti di qualità.

Ecco alcuni passaggi chiave per generare lead efficaci tramite la pubblicità online:

Targeting preciso
Una delle maggiori potenzialità della pubblicità online è la capacità di segmentare il pubblico in base a variabili demografiche, geografiche e comportamentali. Per esempio, se vendi un servizio B2B, puoi targettizzare decision maker all'interno di aziende di specifiche dimensioni o settori. Questo tipo di targeting riduce al minimo la dispersione, consentendo di generare lead che hanno una maggiore probabilità di essere interessati a ciò che offri.

Landing page ottimizzate
Ogni campagna di pubblicità online dovrebbe portare a una landing page ottimizzata per la conversione.

Questa pagina deve avere un messaggio chiaro e un layout semplice, con una Call to Action visibile e attraente. Una landing page ben strutturata dovrebbe includere elementi di persuasione come testimonianze, benefici chiari del prodotto o servizio, e un modulo per raccogliere i dati di contatto del lead.

Remarketing per il nurturing dei lead

Non tutti i lead sono pronti per acquistare subito. Per questo motivo, è importante includere il remarketing nelle tue campagne di pubblicità online.

Il remarketing ti consente di continuare a comunicare con i potenziali clienti che hanno già visitato il tuo sito o interagito con una tua campagna, mantenendo il brand nella loro mente fino a quando non saranno pronti per l'acquisto.

Lead magnet e contenuti di valore

Offrire contenuti di valore in cambio dei dati di contatto è una delle strategie più efficaci per la generazione di lead. Un lead magnet può essere una guida, un webinar, una checklist o qualsiasi altro tipo di contenuto che risolva un problema specifico del tuo target. Questo tipo di approccio attira lead qualificati, poiché solo chi ha un reale interesse per l'argomento sarà disposto a lasciare i propri dati.

Integrazione tra marketing e vendite

Una generazione di lead efficace non si ferma alla cattura del contatto. Affinché il processo sia veramente produttivo, è essenziale che ci sia una forte integrazione tra il reparto marketing e quello delle vendite. Il marketing deve fornire lead di qualità alle vendite, mentre il team di vendita deve dare feedback costanti su quali tipologie di lead stanno portando alle conversioni.

Questa collaborazione può essere facilitata da strumenti di automazione del marketing, come CRM e piattaforme di email marketing. Questi strumenti permettono al marketing di tracciare il comportamento dei lead e inviare informazioni utili al team di vendita per massimizzare le probabilità di successo.

Errori comuni nella generazione di lead

Lead non qualificati

Generare lead in grandi quantità può sembrare positivo, ma se non sono qualificati, rischi di sprecare risorse su contatti che non hanno reale interesse nel tuo prodotto o servizio. Assicurati che il tuo targeting sia accurato e che il messaggio della campagna attiri solo i lead giusti.

Offerte poco chiare o deboli

Una campagna di marketing a risposta diretta senza una CTA forte o un'offerta allettante avrà difficoltà a generare lead di qualità. L'offerta deve essere chiara, rilevante e irresistibile per il tuo pubblico.

Scarsa integrazione con le vendite

La mancanza di comunicazione tra marketing e vendite può far sì che molti lead generati non vengano seguiti o convertiti. Una strategia di lead nurturing ben integrata può fare la differenza.

Candida la tua azienda per saperne di più sul modello che realizza il Processo di Vendita in 30 giorni per la tua azienda visitando: salesprocess.it/quiz

Capitolo 4

Qualificazione dei Lead – Come Identificare i Clienti con il Maggior Potenziale

Una volta generati i lead, la fase successiva del processo di vendita è la qualificazione dei lead. Non tutti i lead generati sono ugualmente interessati o pronti per acquistare, quindi è essenziale filtrare quelli che hanno le maggiori probabilità di trasformarsi in clienti. Questo ti permette di concentrare tempo e risorse su lead che offrono il massimo potenziale di conversione, riducendo gli sforzi su contatti che non sono ancora pronti per una decisione.

In questo capitolo esploreremo i criteri e le tecniche per qualificare i lead in modo efficace e come la collaborazione tra il marketing e le vendite può ottimizzare questo processo.

Cosa significa qualificare un lead?

La qualificazione di un lead è il processo attraverso cui si valuta se un potenziale cliente ha le caratteristiche giuste per diventare un cliente effettivo. Questo passaggio cruciale consente di comprendere meglio il livello di interesse e la disponibilità all'acquisto del lead.

I lead possono essere suddivisi principalmente in tre categorie:

1. **Lead freddi:** Non ancora pronti per l'acquisto. Questi lead hanno appena iniziato a mostrare interesse e richiedono ulteriori interazioni e nurturing prima di arrivare alla decisione di comprare.

2. **Lead caldi:** Sono interessati al prodotto o servizio e potrebbero essere vicini alla decisione di acquisto, ma hanno ancora bisogno di ulteriori informazioni o convincimento.

3. **Lead pronti:** Questi sono i lead qualificati, che mostrano un forte interesse e sono pronti a comprare. A questo punto, si tratta principalmente di negoziare e chiudere la vendita.

Il metodo BANT per la qualificazione dei lead

Uno dei metodi più usati per la qualificazione dei lead è il modello BANT (Budget, Authority, Need, Timing). Questo metodo permette di filtrare i lead sulla base di quattro criteri essenziali:

Budget
Il lead ha il budget necessario per acquistare il tuo prodotto o servizio? La mancanza di fondi può essere un ostacolo insormontabile.

Authority (Autorità)
Il lead ha il potere decisionale all'interno dell'azienda? Se non ha l'autorità per prendere decisioni di acquisto, è importante capire chi nel team può prendere la decisione finale.

Need (Bisogno)
Il lead ha una necessità reale e urgente che il tuo prodotto o servizio può risolvere? Questa è la domanda chiave che deve essere posta. Se il lead non ha un bisogno evidente, è difficile chiudere la vendita.

Timing (Tempistiche)
Il lead è pronto a comprare in questo momento? Potrebbero essere necessarie settimane o mesi prima che un lead sia pronto a fare una decisione d'acquisto.

Utilizzando il metodo BANT, puoi fare domande mirate ai tuoi lead per determinare se sono pronti per passare alla fase successiva del processo di vendita. Se un lead non risponde a uno di questi criteri, potrebbe essere necessario continuare a nutrirlo fino a quando non sarà qualificato.

Qualificazione automatica con il marketing digitale

Grazie all'uso della tecnologia e del marketing digitale, la qualificazione dei lead è diventata sempre più automatizzata. Attraverso strumenti come CRM e piattaforme di marketing automation, è possibile tracciare il comportamento dei lead online e utilizzare punteggi di lead scoring per valutare automaticamente il loro livello di interesse e la loro prontezza all'acquisto.

Ad esempio, un CRM può assegnare un punteggio a un lead in base a vari parametri, come il numero di volte in cui ha visitato il tuo sito web, il tempo trascorso su specifiche pagine o il numero di interazioni con le tue email. I lead che ottengono un punteggio alto vengono automaticamente segnalati al team di vendita come pronti per un contatto diretto.

(Prova gratis per 17 giorni Salesprocess All-in-One)

Questa automazione non solo accelera il processo di qualificazione, ma assicura anche che i venditori stiano lavorando solo con i lead più promettenti, ottimizzando così le risorse aziendali.

L'importanza della collaborazione tra marketing e vendite

Per garantire una qualificazione dei lead efficace, è cruciale che ci sia una collaborazione costante tra i team di marketing e vendita. Il marketing è responsabile di generare lead, mentre il team di vendita deve lavorare su quelli che hanno il potenziale maggiore.

Uno strumento efficace per facilitare questa collaborazione è il Service Level Agreement (SLA) tra marketing e vendite. Questo accordo definisce le responsabilità di entrambe le parti in termini di qualità e quantità di lead, così come le aspettative sui tempi di risposta del team di vendita. L'SLA garantisce che entrambi i team siano allineati sugli obiettivi comuni, massimizzando l'efficacia del processo di vendita.

Errori comuni nella qualificazione dei lead

- **Concentrarsi su lead non qualificati:** Uno degli errori più comuni è cercare di convertire lead che non sono realmente pronti per acquistare. Questo non solo spreca risorse, ma può anche risultare in una perdita di fiducia da parte del cliente.

- **Non ascoltare il feedback del cliente:** A volte i lead danno segnali chiari sul loro livello di interesse o sulla loro prontezza, ma i venditori possono essere troppo concentrati su script predefiniti e mancare di raccogliere informazioni chiave che potrebbero qualificare meglio il lead.

- **Mancanza di follow-up:** Se un lead non è immediatamente qualificato, non significa che non lo sarà mai. Molte aziende perdono opportunità di vendita non facendo un follow-up efficace con i lead freddi, che potrebbero diventare pronti in un secondo momento.

Candida la tua azienda per saperne di più sul modello che realizza il Processo di Vendita in 30 giorni per la tua azienda visitando: salesprocess.it/quiz

Capitolo 5

Chiusura della Vendita – Tecniche e Strategie per Concludere con Successo

La chiusura della vendita è uno dei momenti più critici del processo di vendita. È il punto in cui tutto il lavoro di generazione e qualificazione dei lead si concretizza nella decisione di acquisto del cliente. In questo capitolo, esploreremo le tecniche e le strategie più efficaci per chiudere una vendita con successo, massimizzando le possibilità di conversione e costruendo relazioni durature con i clienti.

L'importanza di una chiusura efficace

Chiudere una vendita non riguarda solo il completamento di una transazione; implica anche la creazione di un'esperienza positiva per il cliente. Una chiusura efficace aiuta a consolidare la fiducia nel tuo prodotto o servizio e aumenta la probabilità di referenze future e di vendite ripetute. La chiusura deve essere vista come il culmine di una conversazione e non come un atto finale, dove l'obiettivo è sempre quello di soddisfare le esigenze del cliente.

Tecniche di chiusura della vendita

Esistono diverse tecniche di chiusura che possono essere adattate in base al contesto e al cliente.

Ecco alcune delle più comuni ed efficaci:

Chiusura diretta
Questa tecnica consiste nel chiedere esplicitamente al cliente se è pronto a procedere con l'acquisto. Può sembrare audace, ma spesso è la forma più efficace di chiusura, soprattutto con lead già qualificati e interessati.

Chiusura alternativa
Invece di chiedere se il cliente desidera acquistare, proponi due o più opzioni di acquisto. Ad esempio: "Preferisce il piano A o il piano B?" Questa strategia aiuta a spostare l'attenzione dal "se" all'"quando" e semplifica il processo decisionale.

Chiusura della scarsità
Creare un senso di urgenza può essere un potente incentivo all'acquisto. Ad esempio, puoi evidenziare che l'offerta è limitata nel tempo o che ci sono pochi pezzi rimasti. Ciò spinge il cliente a prendere una decisione più rapidamente.

Chiusura della testimonianza

Utilizzare casi di successo o testimonianze di clienti soddisfatti può essere un modo efficace per convincere i lead a finalizzare l'acquisto. Condividere storie di altri clienti che hanno beneficiato del tuo prodotto o servizio fornisce un elemento di prova sociale che può aumentare la fiducia.

Chiusura consultativa

In questa tecnica, il venditore agisce come un consulente, aiutando il cliente a trovare la soluzione migliore per le sue esigenze. Al termine della consultazione, il venditore può suggerire l'acquisto come la scelta più logica, facendo sentire il cliente supportato e rispettato.

Superare le obiezioni

Durante la fase di chiusura, è comune affrontare delle obiezioni da parte del cliente. È fondamentale essere preparati a gestire queste obiezioni in modo efficace. Ecco alcune strategie utili:

Ascolto attivo

Quando un cliente solleva un'obiezione, ascolta attentamente senza interrompere. Ciò dimostra rispetto e ti consente di comprendere appieno le preoccupazioni del cliente.

Riformulazione

Dopo aver ascoltato l'obiezione, riformulala per confermare che hai compreso correttamente. Ad esempio, puoi dire: "Capisco che sei preoccupato per il prezzo. Posso spiegarti come questo investimento si ripaga nel tempo?"

Risposta positiva

Dopo aver riformulato l'obiezione, rispondi con informazioni che chiariscano le preoccupazioni. Usa dati, testimonianze o argomenti che rafforzino il valore del tuo prodotto o servizio.

Chiusura con la conferma

Dopo aver affrontato l'obiezione, torna alla chiusura. Puoi chiedere: "Ora che abbiamo chiarito questo punto, ti senti pronto a procedere con l'acquisto?"

L'importanza del follow-up

Dopo la chiusura, il follow-up è cruciale per consolidare la relazione con il cliente. Anche se il cliente ha accettato di acquistare, è importante mantenere il contatto e garantire che la transazione si svolga senza intoppi. Ecco alcuni suggerimenti per un follow-up efficace:

- ☑ **Ringraziamento:** Invia un messaggio di ringraziamento personalizzato dopo la chiusura della vendita. Questo gesto semplice rafforza la relazione e fa sentire il cliente apprezzato.

- ☑ **Supporto post-vendita:** Offri supporto continuo al cliente dopo l'acquisto. Questo può includere l'invio di guide utili, tutorial o contatti per domande future. Mostrare che sei disponibile per aiutare contribuisce a costruire una relazione duratura.

- ☑ **Richiesta di feedback:** Chiedi un feedback sul processo di acquisto e sul prodotto o servizio. Questo non solo ti fornisce preziose informazioni, ma mostra anche al cliente che il suo parere è importante per te.

- ☑ **Opportunità di upselling o cross-selling:** Durante il follow-up, puoi anche esplorare opportunità per upselling o cross-selling. Se hai altre offerte che potrebbero interessare il cliente, non esitare a condividerle.

Errori comuni nella chiusura della vendita

- **Essere troppo aggressivi**
  Anche se è importante essere proattivi, un approccio troppo aggressivo può allontanare i clienti. Mantieni un tono di conversazione aperta e rispettosa.

- **Ignorare le obiezioni**
  Non affrontare le obiezioni o minimizzarle può danneggiare la fiducia del cliente. Ogni obiezione è un'opportunità per fornire ulteriori informazioni e chiarire le preoccupazioni.

- **Chiusura senza entusiasmo**
  La tua attitudine durante la chiusura è contagiosa. Se sembri poco convinto o disinteressato, il cliente potrebbe non sentirsi motivato a procedere.

- **Dimenticare il follow-up**
  Un follow-up assente può far sentire il cliente trascurato e indeciso. Assicurati di pianificare il follow-up immediatamente dopo la chiusura.

Candida la tua azienda per saperne di più sul modello che realizza il Processo di Vendita in 30 giorni per la tua azienda visitando: salesprocess.it/quiz

Capitolo 6

Customer Retention – Come Fidelizzare i Clienti e Aumentare il Valore nel Tempo

Il processo di vendita non si conclude con la chiusura. In realtà, il vero valore di una vendita risiede nella capacità di mantenere il cliente nel lungo termine, aumentando il suo ciclo di vita e incoraggiando la fidelizzazione. La customer retention, o fidelizzazione dei clienti, è fondamentale per garantire la crescita sostenibile di un'azienda, poiché acquisire nuovi clienti è molto più costoso rispetto a mantenere quelli esistenti. In questo capitolo esploreremo le migliori strategie per fidelizzare i clienti e trasformarli in sostenitori fedeli del tuo marchio.

L'importanza della customer retention

I clienti fidelizzati non solo continuano ad acquistare da te, ma sono anche più propensi a raccomandare la tua azienda ad altri, diventando ambasciatori del marchio. Una forte strategia di customer retention porta diversi benefici:

Aumento del valore a lungo termine (LTV)

Ogni cliente che continua a fare acquisti nel tempo aumenta il proprio valore per l'azienda. Più lungo è il ciclo di vita del cliente, maggiore è il ritorno sull'investimento iniziale.

Riduzione dei costi di acquisizione

Mantenere i clienti esistenti costa significativamente meno rispetto all'acquisizione di nuovi. Inoltre, i clienti fedeli tendono ad acquistare con minore resistenza, riducendo così anche il tempo e gli sforzi necessari per chiudere nuove vendite.

Aumento delle vendite per cliente

I clienti esistenti sono più inclini a provare nuovi prodotti o servizi della tua azienda, facilitando strategie di cross-selling e upselling.

Creare una customer experience eccezionale

Il primo passo per fidelizzare i clienti è garantire che l'esperienza complessiva, dal primo contatto alla chiusura della vendita e oltre, sia eccezionale. Alcuni aspetti chiave includono:

- **Supporto clienti rapido ed efficace:** I clienti devono sentirsi supportati in ogni fase del loro percorso. Offrire un servizio clienti eccellente, con risposte rapide e soluzioni ai problemi, è essenziale per mantenere alta la soddisfazione.

- **Personalizzazione dell'esperienza:** Le aziende che si distinguono nel mantenere i clienti personalizzano la loro comunicazione e offrono soluzioni su misura in base alle esigenze del cliente. Inviare messaggi personalizzati, promozioni su misura o offerte speciali in base agli acquisti precedenti rende i clienti più propensi a tornare.

- **Customer journey ottimizzato:** Garantire che il percorso del cliente sia semplice e privo di intoppi è fondamentale. Ogni interazione, dalla visita al sito web fino al post-vendita, deve essere fluida e intuitiva.

Strategie di retention per migliorare il rapporto con i clienti

Ecco alcune strategie collaudate per mantenere i clienti nel lungo periodo:

- **Programmi di fidelizzazione:** Offrire incentivi o premi ai clienti che continuano a fare affari con te può essere un ottimo modo per rafforzare la fidelizzazione. Punti fedeltà, sconti esclusivi o accesso anticipato a nuovi prodotti sono esempi di come incentivare ulteriori acquisti.

- **Follow-up costante:** Dopo ogni vendita, è importante rimanere in contatto con il cliente. Inviare email di ringraziamento, sondaggi di soddisfazione o consigli su come utilizzare al meglio il prodotto o servizio contribuisce a mantenere la relazione attiva.

- **Offerte di upselling e cross-selling:** Utilizza le informazioni raccolte sui clienti per offrire prodotti o servizi complementari. Ad esempio, se un cliente ha acquistato un determinato prodotto, potresti suggerirgli un accessorio o un upgrade che migliori la sua esperienza.

- **Richiedere feedback e agire su di esso:** Chiedere ai clienti la loro opinione non solo ti aiuta a migliorare, ma dimostra anche che ti importa del loro punto di vista. Agire su questo feedback per migliorare i tuoi prodotti o servizi aumenta la loro fedeltà.

La retention nel contesto B2B e B2C

Sebbene la customer retention sia importante sia nel B2B che nel B2C, le strategie possono variare leggermente tra i due mercati:

Retention nel B2B

Nel B2B, le relazioni di lungo termine sono ancora più cruciali. La retention B2B si basa su relazioni solide e su una comprensione profonda delle necessità aziendali del cliente. Un buon servizio post-vendita, la personalizzazione dell'offerta e l'adattamento alle nuove esigenze aziendali del cliente sono fondamentali.

Retention nel B2C

Nel B2C, invece, la chiave è spesso l'engagement costante. I brand B2C che mantengono viva la comunicazione con il cliente attraverso email marketing, social media e contenuti personalizzati tendono a ottenere un tasso di retention più alto.

Errori comuni nella retention dei clienti

Alcuni errori possono minare gli sforzi di fidelizzazione. Ecco cosa evitare:

- **Dare per scontati i clienti fedeli:** Anche i clienti più fedeli richiedono attenzione. Ignorare o trascurare questi clienti può portare alla loro perdita. Mantieni attive le relazioni con comunicazioni personalizzate e offerte speciali.

- **Mancanza di follow-up adeguato:** Non seguire i clienti dopo la vendita può lasciare la sensazione che l'interesse dell'aazienda si esaurisca una volta chiuso l'accordo.

- **Non adattarsi alle esigenze mutevoli:** Le esigenze dei clienti possono cambiare nel tempo. Non adattare i tuoi prodotti o servizi alle nuove necessità dei clienti può portare a una perdita di interesse.

Candida la tua azienda per saperne di più sul modello che realizza il Processo di Vendita in 30 giorni per la tua azienda visitando: salesprocess.it/quiz

Capitolo 7

Misurazione e Ottimizzazione del Processo di Vendita

Un processo di vendita efficace non è statico. Affinché un'azienda possa crescere e adattarsi ai cambiamenti del mercato, è essenziale monitorare, misurare e ottimizzare costantemente ogni fase del processo di vendita. La capacità di misurare l'efficacia del processo e apportare miglioramenti strategici garantisce che l'azienda possa mantenere un vantaggio competitivo e migliorare continuamente le sue performance di vendita. In questo capitolo, esamineremo gli strumenti e le metriche chiave per la misurazione del processo di vendita e le migliori pratiche per ottimizzarlo.

L'importanza della misurazione del processo di vendita

Misurare il processo di vendita è fondamentale per diverse ragioni:

✦ **Identificare le aree di miglioramento:**
Le misurazioni aiutano a capire dove il processo può essere migliorato. Ad esempio, se noti che molte trattative non arrivano alla fase finale, puoi concentrarti sul miglioramento delle tecniche di chiusura.

✦ **Ottimizzare le risorse aziendali:**
Attraverso la misurazione, puoi comprendere quali strategie di vendita generano il miglior ritorno sull'investimento (ROI) e allocare le risorse aziendali di conseguenza.

✦ **Adattarsi ai cambiamenti del mercato:**
Le condizioni di mercato cambiano rapidamente. Misurare il processo di vendita ti consente di adattare il tuo approccio in tempo reale per rispondere a nuove sfide e opportunità.

Le metriche chiave da monitorare

Per ottimizzare il processo di vendita, è importante concentrarsi su metriche chiave che forniscono una visione chiara delle performance. Ecco alcune delle metriche più rilevanti:

Tasso di conversione dei lead
Misura quanti dei lead generati si trasformano in clienti effettivi. Questa metrica è un indicatore chiave dell'efficacia del tuo funnel di vendita e del lavoro svolto dal team commerciale.

Valore medio della transazione (Average Deal Size)
Indica il valore medio di ogni vendita conclusa. Monitorare questa metrica aiuta a identificare se le trattative stanno generando abbastanza valore e se c'è spazio per strategie di upselling o cross-selling.

Ciclo di vendita
Questa metrica misura il tempo medio che trascorre dalla generazione del lead alla chiusura della vendita. Un ciclo di vendita troppo lungo può indicare la necessità di migliorare l'efficienza del processo, mentre uno molto breve può segnalare trattative troppo veloci e non sufficientemente approfondite.

Costo di acquisizione del cliente (CAC)
Il CAC misura quanto costa acquisire un nuovo cliente. È importante bilanciare questo costo con il valore che il cliente genera nel tempo (Lifetime Value) per assicurarsi che le vendite siano profittevoli.

Tasso di retention
Indica la percentuale di clienti che continuano a fare affari con te nel tempo. Una retention elevata è segno di una buona soddisfazione del cliente e di un processo di vendita e post-vendita ben gestito.

Tasso di abbandono (Churn Rate)
Misura la percentuale di clienti che abbandonano il tuo servizio o smettono di acquistare. Questo dato è cruciale per capire se ci sono problemi nella customer experience o nel servizio post-vendita.

Strumenti per la misurazione del processo di vendita

Oggi esistono numerosi strumenti tecnologici che possono aiutare le PMI a monitorare e ottimizzare il loro processo di vendita. Tra i più utilizzati troviamo:

CRM (Customer Relationship Management)
Un sistema CRM permette di gestire e tracciare ogni interazione con i clienti, offrendo una visione chiara dello stato delle trattative, dei lead e delle vendite concluse. => **_Prova gratuitamente per 17 giorni Salesprocess All in One_**

Software di analisi dei dati
Strumenti come Google Analytics, Tableau o Power BI possono aiutare a raccogliere e analizzare dati relativi alla performance del sito web, alle campagne di marketing e alle vendite.

Strumenti di automazione del marketing
Strumenti che ti permettono di automatizzare le comunicazioni con i clienti e monitorare l'efficacia delle campagne di marketing, fornendo insight utili per ottimizzare il processo di vendita come Salesprocess All in One.

Dashboard di vendita
Creare una dashboard visiva che mostri in tempo reale le metriche più importanti è un ottimo modo per monitorare le performance di vendita. Questi strumenti aiutano a tenere sotto controllo il progresso delle trattative e a identificare rapidamente eventuali problemi.

Come ottimizzare il processo di vendita

Una volta che hai raccolto e analizzato i dati, il passo successivo è ottimizzare il processo di vendita. Ecco alcune best practice:

Test e miglioramento continuo
L'ottimizzazione richiede un ciclo continuo di test e miglioramenti. Prova diverse strategie, monitora i risultati e apporta modifiche in base a ciò che funziona meglio. Ad esempio, puoi testare diversi script di vendita, offerte o tempistiche di follow-up per vedere quali portano a migliori risultati.

Formazione continua del team di vendita
Investire nella formazione dei tuoi venditori è fondamentale per garantire che siano sempre aggiornati sulle migliori tecniche di vendita e sugli strumenti più efficaci. La formazione continua permette al team di migliorare costantemente e adattarsi ai cambiamenti del mercato.

Rafforzare la collaborazione tra vendite e marketing
Una forte collaborazione tra il team di vendita e quello di marketing è cruciale per il successo. Il marketing deve generare lead qualificati, mentre le vendite devono fornire feedback per migliorare ulteriormente le campagne e il targeting.

Automatizzare le attività ripetitive
Utilizza la tecnologia per automatizzare attività ripetitive, come l'invio di email di follow-up o la gestione dei lead, in modo che i venditori possano concentrarsi su attività più strategiche come la chiusura delle vendite.

Personalizzare l'approccio
Analizza i dati per personalizzare il tuo processo di vendita in base alle preferenze del cliente. I clienti apprezzano un approccio su misura che risponde alle loro esigenze specifiche, quindi assicurati di adattare il tuo messaggio e la tua offerta di conseguenza.

Errori comuni nella misurazione e ottimizzazione del processo di vendita

Nonostante l'importanza di misurare e ottimizzare il processo di vendita, molte aziende commettono errori che ne riducono l'efficacia:

Concentrarsi su metriche irrilevanti: Non tutte le metriche sono ugualmente importanti. Concentrarsi su quelle sbagliate può distogliere l'attenzione dalle aree che necessitano realmente di miglioramento. È fondamentale scegliere le metriche giuste in base agli obiettivi aziendali.

Non agire sui dati raccolti: Raccogliere dati è inutile se non vengono utilizzati per apportare miglioramenti concreti. Le aziende devono essere pronte a prendere decisioni basate sui dati e ad agire rapidamente per ottimizzare il processo di vendita.

Ignorare il feedback del team di vendita: Il feedback del team di vendita è essenziale per identificare problemi e opportunità di miglioramento. Ignorare questo feedback può portare a strategie inefficaci e a venditori demotivati.

Candida la tua azienda per saperne di più sul modello che realizza il Processo di Vendita in 30 giorni per la tua azienda visitando: salesprocess.it/quiz

Capitolo 8

La Formazione Continua del Team di Vendita – Una Risorsa Strategica per la Crescita Aziendale

Il mercato e le esigenze dei clienti evolvono costantemente, rendendo fondamentale per le aziende investire nella formazione continua del proprio team di vendita. Questo non solo permette di mantenere alta la competitività aziendale, ma anche di sviluppare competenze e abilità che migliorano le performance di vendita. In questo capitolo esploreremo le ragioni per cui la formazione è essenziale, come strutturarla e le migliori strategie per renderla efficace.

Perché investire nella formazione continua del team di vendita?

La formazione continua dei venditori offre diversi vantaggi:

- **Adattamento alle nuove tendenze e tecnologie**

  I venditori hanno bisogno di rimanere aggiornati sugli strumenti digitali e le tecniche di vendita più efficaci, così come sulle nuove tendenze del mercato e dei consumatori.

- **Miglioramento della motivazione e del morale**

    Un team che riceve costantemente formazione si sente supportato e valorizzato, sviluppando maggiore motivazione e fiducia nelle proprie capacità. Questo impatto si riflette in migliori performance e in una maggiore soddisfazione lavorativa.

- **Maggiore efficacia nella gestione dei clienti**

    La formazione aiuta i venditori a migliorare le loro competenze comunicative e di gestione delle obiezioni, rendendoli più efficaci nel costruire relazioni con i clienti e chiudere trattative.

- **Riduzione del turnover**

    Offrire opportunità di crescita professionale attraverso la formazione riduce il tasso di turnover del team di vendita, garantendo maggiore stabilità e continuità.

Gli aspetti chiave di una formazione efficace

Per strutturare una formazione che porti risultati, è fondamentale concentrarsi su alcuni aspetti chiave:

Allineamento con gli obiettivi aziendali

La formazione deve essere progettata per supportare la strategia e gli obiettivi di crescita dell'azienda.

Per esempio, se l'obiettivo è aumentare le vendite B2B, la formazione dovrà concentrarsi su competenze come la gestione delle trattative complesse e le tecniche di negoziazione.

Personalizzazione in base ai livelli di competenza

Non tutti i venditori hanno le stesse competenze o esperienze.

È importante adattare la formazione in base ai singoli livelli di competenza per garantire che sia rilevante e utile per ciascun membro del team.

Formazione continua e non occasionale

La formazione una tantum non è sufficiente per migliorare le performance a lungo termine. Programmi di formazione continua, con sessioni periodiche, garantiscono un miglioramento costante delle competenze.

Coinvolgimento e partecipazione attiva

La formazione deve essere interattiva e coinvolgente. Esercitazioni pratiche, role-playing e simulazioni di vendita aiutano i venditori a mettere subito in pratica ciò che apprendono.

Strategie di formazione per il team di vendita

Ecco alcune delle migliori strategie per garantire una formazione di successo:

Coaching individuale
Il coaching uno-a-uno è una delle tecniche più efficaci per migliorare le performance individuali. Un mentore esperto può aiutare i venditori a identificare le loro aree di miglioramento e lavorare su strategie specifiche.

Role-playing e simulazioni
Le simulazioni permettono ai venditori di affrontare situazioni reali e di esercitarsi nella gestione delle obiezioni, della chiusura delle vendite e delle negoziazioni. Questo metodo aiuta a ridurre l'ansia nelle trattative reali e a migliorare la fiducia.

Formazione su prodotti e servizi
È fondamentale che i venditori conoscano a fondo ciò che vendono. Sessioni di formazione dedicate ai prodotti e ai servizi dell'azienda permettono ai venditori di rispondere alle domande dei clienti con competenza e sicurezza.

Aggiornamenti su nuove tecnologie e strumenti di vendita
Il panorama digitale cambia rapidamente. Formare il team di vendita su nuove tecnologie come i CRM avanzati,gli strumenti di automazione e le piattaforme di social selling è essenziale per mantenere alta la produttività e migliorare le interazioni con i clienti.

Workshop di team
Organizzare workshop di gruppo consente ai venditori di condividere esperienze, best practice e soluzioni a problemi comuni. Questa forma di formazione collaborativa rafforza il team e facilita lo scambio di idee innovative.

Come misurare l'efficacia della formazione

Per garantire che gli investimenti nella formazione producano risultati tangibili, è importante monitorare l'efficacia del programma formativo. Alcuni indicatori chiave includono:

Incremento delle vendite
Se la formazione è stata efficace, dovresti notare un miglioramento nelle performance di vendita individuali e complessive.

Miglioramento del tasso di conversione
Se i venditori hanno appreso nuove tecniche di gestione delle trattative, il tasso di conversione dovrebbe aumentare, dimostrando un impatto positivo del programma formativo.

Feedback del team di vendita
Chiedere ai venditori il loro parere sulla formazione consente di raccogliere suggerimenti su come migliorare i programmi futuri e capire se hanno trovato utili i contenuti trattati.

Riduzione del tasso di abbandono
Un team che si sente supportato e valorizzato grazie alla formazione continua sarà meno propenso a

lasciare l'azienda, portando a una riduzione del turnover.

Errori comuni nella formazione del team di vendita

Nonostante i numerosi benefici della formazione, è importante evitare alcuni errori che possono ridurne l'efficacia:

Formazione teorica senza applicazione pratica:
Le nozioni teoriche devono essere accompagnate da esercitazioni pratiche. Senza un'applicazione reale, è difficile che i venditori possano mettere in pratica ciò che apprendono.

Formazione non mirata alle esigenze specifiche:
Non tutte le competenze sono rilevanti per tutti i venditori. È importante personalizzare la formazione in base alle reali necessità dell'azienda e del team.

Mancanza di follow-up:
La formazione è solo il primo passo. Senza un follow-up, è difficile capire se le competenze acquisite sono state realmente applicate nel lavoro quotidiano.

Monitorare i progressi del team e fornire supporto post-formazione è essenziale per consolidare le competenze.

Candida la tua azienda per saperne di più sul modello che realizza il Processo di Vendita in 30 giorni per la tua azienda visitando: salesprocess.it/quiz

Capitolo 9

L'Importanza della Customer Experience nel Processo di Vendita

Nel panorama competitivo di oggi, la customer experience (CX) è uno dei principali fattori di successo per le aziende. Creare una connessione positiva e duratura con i clienti non solo migliora le possibilità di vendita, ma contribuisce alla fidelizzazione, al passaparola e alla crescita del valore del cliente nel lungo termine. Nel contesto della vendita tramite telefono di oggi, ogni interazione conta: il modo in cui il cliente percepisce l'azienda e si sente ascoltato può fare la differenza tra un cliente soddisfatto e uno che abbandona l'acquisto. Questo capitolo esplora come costruire una CX efficace durante tutto il processo di vendita, puntando a rafforzare la fiducia e la soddisfazione dei clienti.

Cos'è la Customer Experience e Perché Conta

La customer experience rappresenta la somma delle percezioni che un cliente sviluppa durante tutte le interazioni con l'azienda. Dal primo contatto alla gestione post-vendita, ogni fase influenza il modo in cui il cliente giudica il valore e la qualità del servizio offerto.

Perché la Customer Experience è Cruciale?

Differenziazione
In un mercato saturo, una CX eccellente può differenziare la tua azienda dalla concorrenza, diventando un vero vantaggio competitivo.

Customer Lifetime Value (CLV)
I clienti che hanno esperienze positive tendono a spendere di più e a rimanere fedeli nel tempo.

Fidelizzazione e Advocacy
Una CX memorabile non solo mantiene i clienti attuali, ma li trasforma in promotori attivi dell'azienda.

Riduzione del Tasso di Abbandono
Una CX di alta qualità abbassa il rischio di perdita del cliente, riducendo la necessità di attrarne di nuovi per mantenere il fatturato.

Creare una Customer Experience Positiva nelle Vendite

Per costruire una CX positiva è necessario concentrarsi su alcuni aspetti fondamentali:

Ascolto Attivo e Personalizzazione:
Capire le reali esigenze del cliente consente di personalizzare l'offerta e rendere ogni interazione significativa.

Trasparenza e Onestà:
Comunicare in modo chiaro e trasparente riduce le incomprensioni, aumentando la fiducia del cliente.

Tempestività nelle Risposte:
In ogni fase del processo di vendita, rispondere velocemente alle domande e ai dubbi del cliente crea un senso di attenzione e cura, elementi centrali per una CX positiva.

Empatia e Orientamento alla Soluzione:
Essere empatici nelle interazioni, soprattutto di fronte a obiezioni o difficoltà, aiuta a consolidare il rapporto con il cliente e a migliorare la percezione dell'azienda.

Strumenti per una CX Efficace nel Processo di Vendita

L'utilizzo di strumenti digitali e strategie di comunicazione efficaci può migliorare significativamente l'esperienza del cliente:

CRM Avanzati
I Customer Relationship Management (CRM) aiutano a tenere traccia delle interazioni, delle preferenze e dello storico dei clienti, permettendo ai venditori di personalizzare ogni comunicazione. ***Prova gratis Salesprocess All in One per 17 giorni***

Automazione delle Comunicazioni
Utilizzare email automatiche o SMS per aggiornare i clienti su nuovi prodotti, offerte e promozioni permette di mantenere un contatto continuo senza risultare invadenti.

Questionari di Soddisfazione
Raccolta regolare di feedback attraverso sondaggi e questionari per comprendere il livello di soddisfazione e intervenire prontamente in caso di problemi.

Analisi dei Dati di Comportamento
Analizzare i dati relativi ai comportamenti e alle preferenze dei clienti consente di migliorare

continuamente la CX, adattando l'offerta e le comunicazioni alle loro reali necessità.

Il Ruolo del Team di Vendita nella Customer Experience

Il team di vendita è in prima linea nel costruire e mantenere una CX positiva. Oltre a mettere in pratica strategie di comunicazione efficaci, è importante che il team di vendita venga formato sulle soft skills essenziali per garantire una CX di qualità:

Ascolto Empatico: Essere attenti ai bisogni e ai feedback del cliente, mostrando interesse sincero.

Risolvere Problemi in Modo Proattivo: Essere pronti a gestire e risolvere le obiezioni con soluzioni concrete e orientate al cliente.

Consulenza e Supporto: I venditori devono posizionarsi come consulenti, consigliando il cliente nel modo più adatto e personalizzato possibile, mantenendo l'attenzione sulle sue reali necessità.

Misurare l'Impatto della Customer Experience

Per comprendere l'efficacia delle strategie di CX adottate, è fondamentale misurare e analizzare i risultati ottenuti. Alcuni indicatori chiave da monitorare includono:

Customer Satisfaction Score (CSAT)
Misura la soddisfazione del cliente con l'interazione o il processo di vendita complessivo.

Net Promoter Score (NPS)
Indica la probabilità che un cliente raccomandi l'azienda a terzi. Un NPS alto segnala una CX positiva e un forte legame con il cliente.

Customer Retention Rate
Valutare la percentuale di clienti che ritornano a fare acquisti è un indicatore della qualità della CX offerta.

Tempo di Risoluzione
Monitorare il tempo necessario per rispondere ai dubbi o risolvere i problemi dei clienti offre una misura della velocità e dell'efficienza del team di vendita nel garantire una CX positiva.

Candida la tua azienda per saperne di più sul modello che realizza il Processo di Vendita in 30 giorni per la tua azienda visitando: salesprocess.it/quiz

Capitolo 10

L'Analisi e il Miglioramento Continuo dei Processi di Vendita

In un mercato in continua evoluzione, il miglioramento continuo dei processi di vendita è fondamentale per garantire che l'azienda mantenga un vantaggio competitivo e continui a soddisfare le esigenze dei clienti. Questo richiede una revisione costante delle strategie, la raccolta e l'analisi dei dati e l'adattamento alle nuove sfide e opportunità. In questo capitolo vedremo come misurare le prestazioni dei processi di vendita, quali strumenti utilizzare per ottenere i dati necessari e le migliori pratiche per apportare miglioramenti mirati.

Perché è importante analizzare i processi di vendita?

L'analisi costante dei processi di vendita aiuta a:

✓ **Identificare le aree di miglioramento**
Conoscere i punti deboli permette di focalizzarsi su cambiamenti che portano valore immediato.

✓ **Aumentare l'efficienza**
Ottimizzare i processi di vendita consente al team di lavorare in modo più rapido ed efficace, riducendo i tempi di vendita e aumentando il numero di chiusure.

✓ **Prevenire e risolvere i problemi in modo proattivo**
Analizzando i dati, l'azienda può individuare segnali di potenziali criticità e intervenire tempestivamente per evitarle.

✓ **Adattarsi ai cambiamenti di mercato:**
Un processo di miglioramento continuo consente di rispondere rapidamente alle tendenze emergenti, garantendo che le strategie di vendita siano sempre allineate con le nuove esigenze dei clienti.

Gli indicatori chiave di performance (KPI) per il processo di vendita

Monitorare i KPI è essenziale per valutare la salute del processo di vendita e per apportare miglioramenti mirati. Tra i principali indicatori da considerare:

Tasso di conversione
Indica la percentuale di lead che si trasformano in clienti effettivi. Un tasso di conversione alto riflette un processo di vendita efficace.

Customer Acquisition Cost (CAC)
Il costo di acquisizione del cliente permette di capire quanto è sostenibile il processo di vendita rispetto ai ricavi generati.

Customer Lifetime Value (CLV)
Misura il valore che un cliente genera nel tempo. Un CLV alto suggerisce che l'azienda sta non solo acquisendo clienti, ma anche mantenendoli soddisfatti a lungo termine.

Tempo medio di chiusura
Il tempo medio necessario per concludere una vendita è un indicatore dell'efficienza del processo. Ridurre questo tempo permette di aumentare la produttività del team.

Customer Satisfaction (CSAT) e Net Promoter Score (NPS)
 Questi indicatori misurano la soddisfazione del cliente e la probabilità che raccomandi l'azienda ad altri, riflettendo la qualità dell'esperienza offerta.

Strumenti per l'analisi dei processi di vendita

Esistono diversi strumenti per monitorare e migliorare i processi di vendita:

- **CRM (Customer Relationship Management)**
  Un CRM avanzato consente di tracciare le interazioni con i clienti, gestire le pipeline di vendita e analizzare i dati di performance. **Prova gratis Salesprocess All in One per 17 giorni**

- **Software di analisi dei dati**
  Strumenti come Google Analytics o piattaforme di business intelligence permettono di raccogliere e interpretare grandi quantità di dati, individuando trend e opportunità.

- **Automazione delle vendite**
  Utilizzare strumenti di automazione permette di monitorare il processo di vendita in tempo reale, facilitando la gestione delle attività e la personalizzazione delle offerte.

- **Sondaggi e feedback**
  Raccolta diretta di feedback da parte dei clienti per capire come percepiscono l'intero processo di vendita e le aree in cui si potrebbero apportare miglioramenti.

Il ciclo di miglioramento continuo: il metodo PDCA

Una strategia efficace per il miglioramento continuo è il ciclo PDCA (Plan-Do-Check-Act), che si articola in quattro fasi:

1. **Plan (Pianifica):** Identifica le aree di miglioramento e definisci gli obiettivi specifici da raggiungere, utilizzando i dati raccolti e analizzati.

2. **Do (Fai):** Implementa le modifiche pianificate, facendo attenzione a testare nuovi approcci su una scala limitata per valutare il loro impatto senza rischi eccessivi.

3. **Check (Controlla):** Valuta i risultati ottenuti rispetto agli obiettivi prefissati. Questa fase è cruciale per capire se le modifiche apportate hanno prodotto l'effetto desiderato.

4. **Act (Agisci):** Se i risultati sono positivi, integra le modifiche nel processo di vendita in modo permanente. In caso contrario, analizza cosa non ha funzionato e pianifica nuove modifiche.

Miglioramento continuo delle competenze del team di vendita

Oltre all'ottimizzazione delle strategie e dei processi, è essenziale garantire la crescita professionale del team di vendita. Formare costantemente il team permette di mantenere alta la qualità del lavoro e di adattarsi rapidamente alle novità di mercato.

Strategie per la formazione continua:

Corsi di aggiornamento periodici:
Investire in corsi e workshop che approfondiscono le nuove tecniche di vendita o l'uso di strumenti digitali avanzati.

Sessioni di coaching individuali:
Fornire un supporto individuale per lavorare su competenze specifiche o aree di miglioramento.

Scambio di best practices:
Incoraggiare il team a condividere esperienze e successi permette di sviluppare un ambiente di apprendimento collaborativo.

Valutare il miglioramento nel tempo

Il miglioramento continuo è un processo che richiede pazienza e dedizione. È importante monitorare regolarmente i progressi per confermare che gli obiettivi aziendali siano raggiunti e per capire se le modifiche apportate producano effettivamente valore. Con il passare del tempo, queste misurazioni riflettono la crescita del team di vendita e l'aumento della qualità delle relazioni con i clienti.

Candida la tua azienda per saperne di più sul modello che realizza il Processo di Vendita in 30 giorni per la tua azienda visitando: salesprocess.it/quiz

Conclusioni e come posso aiutarti

Il miglioramento continuo dei processi di vendita rappresenta un impegno costante e una filosofia aziendale che punta alla qualità, all'efficienza e alla soddisfazione del cliente. Grazie all'analisi dei dati e all'adattamento alle nuove dinamiche di mercato, l'azienda può mantenersi competitiva, soddisfare le esigenze dei clienti e costruire un percorso di crescita sostenibile.

Se hai trovato utile questo manuale, ecco alcuni modi in cui posso aiutarti ulteriormente se sei interessato:

> HAI UN'AZIENDA E VUOI CRESCERE CON IL TUO FATTURATO?

Lascia che diventiamo il tuo reparto marketing e vendite in outsourcing e ci occupiamo di far crescere il tuo fatturato.

Visita go.salesprocess.it/progetto

> SALESPROCESS ALL IN ONE

Se vuoi far crescere il tuo business 10 volte più velocemente automatizzando processi e gestendo tutto il tuo marketing e le tue vendite in un'unica piattaforma.

Provalo gratuitamente per 17 giorni qui:

go.salesprocess.it/saas

Abbiamo anche altre offerte e modi per supportare gli imprenditori a crescere ma non voglio trasformare questa pagina in un festival di vendita.

Puoi trovare tutto su salesprocess.it.

E se desideri altri contenuti gratuiti da me, **i miei posti preferiti per condividere spunti preziosi sono YouTube:**

Sales Process Italia.

Indice

Capitolo 1 — 7
Introduzione ai Processi di Vendita per PMI

Capitolo 2 — 13
Creare una Strategia di Vendita Efficace

Capitolo 3 — 19
Generazione di Lead - Il Ruolo Chiave del Marketing a Risposta Diretta e della Pubblicità Online

Capitolo 4 — 27
Qualificazione dei Lead – Come Identificare i Clienti con il Maggior Potenziale

Capitolo 5 — 35
Chiusura della Vendita – Tecniche e Strategie per Concludere con Successo

Capitolo 6 — 43
Customer Retention – Come Fidelizzare i Clienti e Aumentare il Valore nel Tempo

Capitolo 7 — 51
Misurazione e Ottimizzazione del Processo di Vendita

Capitolo 8 — 61
La Formazione Continua del Team di Vendita – *Una Risorsa Strategica per la Crescita Aziendale*

Capitolo 9   71
L'Importanza della Customer Experience nel Processo di Vendita

Capitolo 10   79
L'Analisi e il Miglioramento Continuo dei Processi di Vendita

Conclusioni e come posso aiutarti   87

www.ingramcontent.com/pod-product-compliance
Lightning Source LLC
Chambersburg PA
CBHW052333220526
45472CB00001B/407